FRANZ BRANDL

Die 100 besten Cocktails der Welt

südwest

Inhalt

Tipps zur Zubereitung

Barutensilien

Das wichtigste Arbeitsgerät des Barmixers ist der Shaker. Beim dreiteiligen Shaker ist das Sieb im Mittelteil bereits eingebaut. Der zweiteilige Boston-Shaker besteht aus einem Edelstahl- und einem Glasteil, und man benötigt zusätzlich ein Barsieb. Shaker und Elektromixer sind das Herzstück der Ausrüstung. Außerdem benötigt man ein kleines Schneidbrett, ein Barmesser, einen Barlöffel, Flaschenöffner, Messbecher und eine Muskatreibe. Mit einer Eiszange oder Eisschaufel und einem Gefäß für das Eis ist die Ausstattung komplett. Mit Ausnahme des Shakers und des Barsiebs (Strainer) finden sich die meisten Gerätschaften in irgendeiner Form im Haushalt.

Gläser

Das Sortiment an Gläsern hält sich in Grenzen. Longdrinkgläser in verschiedenen Größen und Formen sind die meist

verwendete Art. Aber auch Tumbler, Stielgläser und Cock-
tailschalen werden benötigt. Fancygläser werten durch
ihre ausgefallenen Formen jedes Getränk noch etwas auf.
Für Heißgetränke können auch Henkelgläser oder Tassen
verwendet werden. In der Regel eignen sich die meisten
Glasformen für verschiedene Getränkarten. So kann
statt einer Schale meistens auch ein Kelch- oder ein
Weinglas verwendet werden.

Zubehör
Zum Aufspießen von Früchten benötigt man Cocktail-
spieße aus Plastik oder Holz. Trinkhalme in verschiedenen
Farben und lange Stirrer (Rührstäbe) eignen sich als
Zugabe zu kohlensäurehaltigen Drinks.

Vermischen im Rührglas
Im Rührglas – ein hohes, meist dickwandiges Glas mit
Ausgießschnabel – mischt man hauptsächlich die im
Ergebnis klaren Short Drinks. Dabei werden die Zutaten
mit Eiswürfeln durch das Rühren mit einem Barlöffel
vermischt und gekühlt. Durch ein Barsieb wird dann in
das Trinkglas abgegossen.

Rühren direkt im Trinkglas

In das jeweilige Trinkglas – mit oder ohne Eis – gibt man
die Zutaten und rührt mit einem Barlöffel – je nach
Rezept – mehr oder weniger kräftig um. Dann wird mit
Früchten garniert, oder es werden Früchte dazugegeben.

Schütteln im Shaker

Beim Schütteln gibt man zuerst Eiswürfel in das Unterteil
des Shakers und gießt die Zutaten dazu. Dann wird der
Shaker geschlossen und in waagerechter Haltung in
Schulterhöhe kräftig geschüttelt. Nach dem Absetzen
wird der Shaker geöffnet und durch das Barsieb in das
Trinkglas – meist auf frische Eiswürfel – abgegossen.
Zum Schluss wird mit Früchten dekoriert.

Zubereitung im Elektromixer

In den Aufsatz des Elektromixers werden Eiswürfel und
die Zutaten gegeben. Dann lässt man den Elektromixer
laufen, bis alles gut vermischt und gekühlt ist. Abgegossen wird die gesamte Mischung in Gläser – mit oder ohne
frisches Eis. Zuletzt wird der Drink mit Früchten verziert.

Fruchtsirup/Barsirup Bei den Rezepten dieses Buchs werden
Fruchtsirupe und Barsirupe von Riemerschmid verwendet. Die
klassische Reihe der Fruchtsirupe hat einen hohen Frucht- und
Fruchtmarkanteil, und diese sind deshalb relativ dickflüssig.
Die dünnflüssigeren Barsirupe wurden für die Profimixer
entwickelt, um diesen ein zügiges Arbeiten zu ermöglichen.
Der geringere Fruchtanteil wurde dabei durch eine zusätzliche,
natürliche Aromatisierung ausgeglichen.

Gin Tonic

4–6 cl Gin

Kaltes Tonic Water

1/2 Zitronen- oder Limetten-scheibe

So wird's gemacht

Einige Eiswürfel in ein Longdrink-glas geben und den Gin dazu-gießen. Mit kaltem Tonic Water auffüllen. Zum Schluss die halbe Zitronen- oder Limettenscheibe und einen Stirrer dazugeben.

Singapore Sling

4 cl Gin

2 cl Cherry Brandy

2 cl Zitronensaft

1 cl Grenadine

1 Spritzer Angostura

Sodawasser

1 Zitronenscheibe und einige Cocktailkirschen zum Garnieren

So wird's gemacht

Alle Zutaten ohne Sodawasser mit Eiswürfeln im Shaker kräftig schütteln und durch das Barsieb in ein Longdrinkglas auf Eiswürfel abgießen. Mit Sodawasser auffüllen. Zitronenscheibe, Cocktailkirschen und Trinkhalme dazugeben.

Asbach Sour

4cl Asbach Uralt Weinbrand

4 cl Zitronensaft

2 cl Orangensaft

2 cl Zuckersirup

1/2 Orangenscheibe und 1 Cocktailkirsche zum Garnieren

So wird's gemacht

Alle Zutaten mit Eiswürfeln im Shaker kräftig schütteln und durch das Barsieb in ein Stielglas abgießen. Einen Spieß mit der halben Orangenscheibe und der Cocktailkirsche über den Glasrand legen.

Asbach In Rüdesheim am Rhein
hat die Weinbrennerei Asbach
ihren Sitz. Hugo Asbach gründete
das Unternehmen 1892; er prägte
den Begriff »Weinbrand« anstelle der
damals für deutsche Produkte verwen-
deten Bezeichnung »Kognak«. Asbach
bietet ausschließlich die höchste Quali-
tätsstufe »Deutscher Weinbrand« in vier
Varianten an: die Hauptmarke »Asbach
Uralt«, den mindestens acht Jahre
gereiften »Asbach Privat«, die Spitzen-
marke »Asbach Selection« und den »Asbach
Jahrgangsbrand 1972«, eine 28 Jahre
gereifte Rarität, die nur limitiert angeboten
wird.

Strawberry Colada

4 cl weißen Rum
2 cl Strawberry Liqueur
4 cl Kokossirup
2 cl Zitronen- oder Limettensaft
10 cl Ananassaft
1 Erdbeere zum Garnieren

So wird's gemacht

Rum, Erdbeerlikör, Kokossirup, Zitronen- oder Limetten- und Ananassaft mit Eiswürfeln im Shaker kräftig schütteln und durch das Barsieb in ein großes Glas auf Crushed Ice abgießen. Die Erdbeere an den Glasrand stecken und Trinkhalme dazugeben.

Mojito

1 gut gehäufter TL weißer Rohrzucker oder Puderzucker

Sodawasser

2/4 Limettenstücke

6 cl weißen Rum

Minze

So wird's gemacht

In einem Becherglas Zucker mit etwas Sodawasser verrühren. Einige Minzeblätter und zwei Limettenviertel dazugeben und mit einem Holzstößel zerdrücken. Rum und einen Schuss Sodawasser dazugießen, das Glas mit Crushed Ice füllen und umrühren. Minzezweige und Trinkhalme dazugeben.

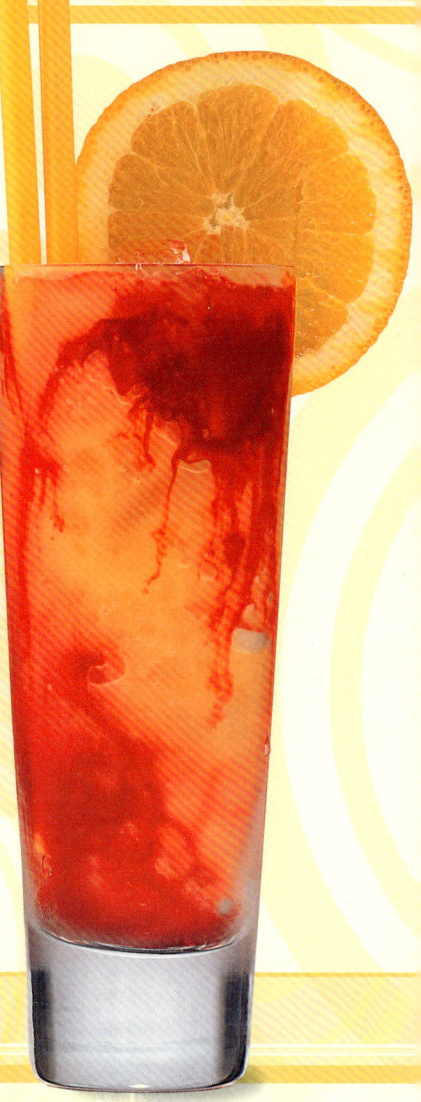

Silla Tequila Die 1835 in München gegründete und heute in Erding bei München produzierende »Likörmanufaktur« Anton Riemerschmid war das erste Unternehmen, das Tequila nach Deutschland importierte. Dies war 1957, und Tequila war damals ein absoluter Exote im deutschen Spirituosenangebot. Heute ist der Tequila, Mexikos Nationalgetränk, eine unentbehrliche Basis für viele Cocktails und Longdrinks. Die Silla Tequilas, deren Markenzeichen ein Sattel (Silla) ist, werden als »Silver« und »Gold« angeboten; beide Silla Tequilas haben einen Alkoholgehalt von 38,0 % vol.

Tequila Sunrise

6 cl Tequila
12 cl Orangensaft
Einige Tropfen Zitronensaft
1–2 cl Grenadine
1 Orangenscheibe zum Garnieren

So wird's gemacht

Ein Longdrinkglas gut zur Hälfte mit grob zerschlagenen
Eiswürfeln füllen. Die Zutaten – ohne Grenadine – mit
Eiswürfeln im Shaker kräftig schütteln und durch das
Barsieb in das Glas abgießen.
Die Grenadine langsam darüber gießen. Mit der Orangen-
scheibe garnieren und zwei Trinkhalme dazugeben.

Margarita

1 Zitronenviertel

Etwas Salz

4 cl Tequila

2 cl Triple Sec Curaçao

2 cl Zitronensaft

So wird's gemacht

Den Rand einer Cocktailschale in dem Zitronenviertel drehen und in eine mit Salz gefüllte Schale tupfen. Die Zutaten mit Eiswürfeln im Shaker kräftig schütteln und durch ein Barsieb in das Glas abgießen.

Daiquiri

5 cl weißen Cuba Rum

3 cl Limettensaft

2 cl Zuckersirup

1 Limettenscheibe zum Garnieren

So wird's gemacht

Weißen Cuba Rum, Limettensaft und Zuckersirup mit Eiswürfeln im Shaker kräftig schütteln und durch das Barsieb in eine Cocktailschale abgießen. Die Limettenscheibe dazugeben.

Strawberry Margarita

1 Zitronenviertel

Etwas Zucker

4 cl Tequila

2 cl Triple Sec Curaçao

1 cl Strawberry Liqueur

2 cl Zitronensaft

3–5 mittelgroße Erdbeeren

1 Erdbeere zum Garnieren

So wird's gemacht

Den Rand einer Cocktailschale in dem Zitronenviertel drehen und in eine mit Zucker gefüllte Schale tupfen. Die Zutaten mit etwas gestoßenem Eis im Elektromixer gut durchmixen und in das vorbereitete Glas abgießen. Die Erdbeere an den Glasrand stecken.

Zuckerrand Eine hübsche
Dekoration ist ein Zuckerrand am Glas. Dazu wird das
Fruchtfleisch eines Zitronenvier-
tels leicht eingeschnitten und darin
der Glasrand mit der Öffnung nach
unten gedreht. Anschließend tupft man
den Glasrand in eine Schale mit Zucker.
Durch ein leichtes Klopfen am Glas ent-
fernt man die nicht anhaftenden Anteile.
Auch farbige Zuckerränder lassen sich leicht
herstellen. Dazu taucht man den Glasrand in
eine Schale mit farbigem Sirup und anschließend in den Zucker.

Kamikaze

3 cl Wodka
3 cl Triple Sec Curaçao
3 cl Limettensaft
1 Limettenscheibe zum Garnieren

So wird's gemacht

Wodka, Triple Sec Curaçao und Limettensaft mit Eiswürfeln im Shaker kräftig schütteln und durch das Barsieb in einen Tumbler auf einige Eiswürfel abgießen. Die Limettenscheibe zum fertigen Drink dazugeben.

Gimlet

4 cl Gin

2 cl Rose's Lime Juice

1 Limettenscheibe zum Garnieren

So wird's gemacht

Alle Zutaten mit Eiswürfeln im Rührglas gut verrühren. In ein vorgekühltes Cocktailglas abgießen und die Limettenscheibe dazugeben. Das Verhältnis von Gin zu Lime Juice lässt sich je nach Geschmack verändern.

Pitú Cachaça (sprich: Kaschassa) ist die Nationalspirituose Brasiliens und steht in der Beliebtheitsskala bei den Spirituosen nun auch in Deutschland ganz oben. Cachaça ist ein Destillat aus frischem, grünem Zuckerrohr und sollte nicht mit dem Rum verwechselt werden. Die Marke Pitú wurde bereits in den 1950er Jahren von der Münchner Spirituosenfirma Riemerschmid nach Deutschland importiert.

Nach einem langen Schattendasein als unbeachtete exotische Spirituose war Pitú zu Beginn der Caipirinha-Welle verfügbar und belegt seither den ersten Platz in der Hitliste der Cachaças in Deutschland.

Caipirinha

1–2 Limetten (je nach Saftgehalt)
1–2 Barlöffel braunen Rohrzucker
6–8 cl Cachaça

So wird's gemacht

Die Limette(n) vierteln und in einen großen Tumbler
geben. Den Zucker darüber streuen. Mit einem Holzstößel
die Limettenstücke im Glas ausdrücken. Den Cachaça
dazugeben und mit einem Barlöffel alles gut vermischen.
Das Glas mit grob zerschlagenen Eiswürfeln füllen und
nochmals umrühren. Zwei kurze, dicke Trinkhalme dazugeben.

Green Monkey

2 cl Grüne Banane

2 cl Blue Curaçao

4 cl Orangensaft

4 cl Sahne

So wird's gemacht

Grüne Banane, Blue Curaçao, Orangensaft und Sahne mit Eiswürfeln im Shaker kräftig schütteln und durch das Barsieb in eine Cocktailschale abgießen.

Midori Sour

5 cl Midori Melon Liqueur
3 cl Zitronensaft
2 cl Rose's Lime Juice
1 Cocktailkirsche zum
Garnieren

So wird's gemacht

Alle Zutaten mit Eiswürfeln im
Shaker kräftig schütteln und durch
das Barsieb in ein Stielglas abgießen.
Die Cocktailkirsche dazugeben.

Green Sex Machine

4 cl Midori Melon Liqueur

2 cl Rose's Lime Juice

10 cl Schlumberger Sekt Brut

Melonenstücke, Cocktailkirschen und 1 Minzezweig zum Garnieren

So wird's gemacht

Einige Eiswürfel in ein Fancyglas geben, dazu Midori Melon Liqueur und Rose's Lime Juice gießen und gut verrühren. Mit kaltem Schlumberger Sekt auffüllen und nochmals leicht umrühren. Mit Melonenstücken, Cocktailkirschen und dem Minzezweig garnieren. Trinkhalme dazugeben.

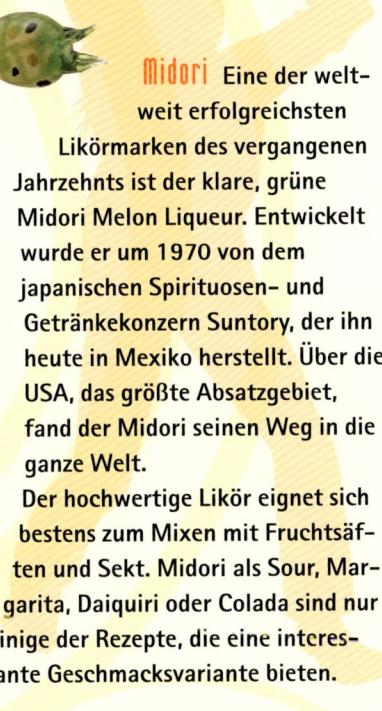

Midori Eine der weltweit erfolgreichsten Likörmarken des vergangenen Jahrzehnts ist der klare, grüne Midori Melon Liqueur. Entwickelt wurde er um 1970 von dem japanischen Spirituosen- und Getränkekonzern Suntory, der ihn heute in Mexiko herstellt. Über die USA, das größte Absatzgebiet, fand der Midori seinen Weg in die ganze Welt.

Der hochwertige Likör eignet sich bestens zum Mixen mit Fruchtsäften und Sekt. Midori als Sour, Margarita, Daiquiri oder Colada sind nur einige der Rezepte, die eine interessante Geschmacksvariante bieten.

Royal Strawberry

1–2 cl Strawberry Liqueur
10 cl trockenen Sekt
1 Erdbeere zum Garnieren

So wird's gemacht

Den Erdbeerlikör in einen Sektkelch geben und mit kaltem Sekt auffüllen. Die Erdbeere an den Glasrand stecken.

Pomme d'Amour

2 cl Calvados
1 cl Triple Sec Curaçao
1 cl Strawberry Liqueur
10 cl trockenen Sekt
1 Babyapfel zum Garnieren

So wird's gemacht

Die Zutaten – ohne Sekt – im
Rührglas mit Eiswürfeln verrühren und in ein Longdrinkglas
auf einige Eiswürfel abgießen.
Mit kaltem Sekt auffüllen und
nochmals leicht umrühren.
Den Babyapfel an den Glasrand
stecken.

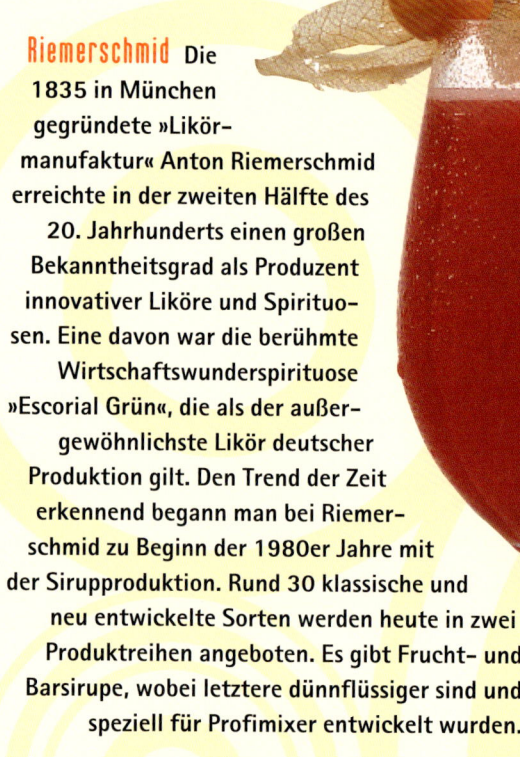

Riemerschmid Die 1835 in München gegründete »Likörmanufaktur« Anton Riemerschmid erreichte in der zweiten Hälfte des 20. Jahrhunderts einen großen Bekanntheitsgrad als Produzent innovativer Liköre und Spirituosen. Eine davon war die berühmte Wirtschaftswunderspirituose »Escorial Grün«, die als der außergewöhnlichste Likör deutscher Produktion gilt. Den Trend der Zeit erkennend begann man bei Riemerschmid zu Beginn der 1980er Jahre mit der Sirupproduktion. Rund 30 klassische und neu entwickelte Sorten werden heute in zwei Produktreihen angeboten. Es gibt Frucht- und Barsirupe, wobei letztere dünnflüssiger sind und speziell für Profimixer entwickelt wurden.

Happy Hour

4 cl Tequila
2 cl Blutorangensirup
1 cl Zitronensaft
6 cl Orangensaft
1 Physalis zum Garnieren

So wird's gemacht

Tequila, Blutorangensirup, Zitronen- und Orangensaft mit Eiswürfeln im Shaker kräftig schütteln und in ein Stielglas abgießen. Die Physalis an den Glasrand stecken.

Tallyman's Drink

4 cl braunen Rum

2 cl Crème de Bananes

2 cl Zitronensaft

4 cl Orangensaft

Bananenscheiben und Cocktailkirschen zum Garnieren

So wird's gemacht

Alle Zutaten mit Eiswürfeln im Shaker kräftig schütteln und durch das Barsieb in einen Tumbler auf einige Eiswürfel abgießen. Einen Spieß mit Bananenscheiben und Cocktailkirschen über den Glasrand legen. Trinkhalme dazugeben.

White Lady

4 cl Gin

2 cl Triple Sec Curaçao

2 cl Zitronensaft

1 Cocktailkirsche zum Garnieren

So wird's gemacht

Gin, Triple Sec Curaçao und Zitronensaft mit Eiswürfeln im Shaker kräftig schütteln und durch das Barsieb in eine Cocktailschale abgießen. Zum Schluss die Cocktailkirsche zum Drink geben.

Red Honey

3 cl Drambuie Whisky Liqueur
2 cl Scotch Whisky
2 cl Zitronensaft
2 cl Orangensaft
1 cl Grenadine
1 Erdbeere zum Garnieren

So wird's gemacht

Drambuie, Whisky, Zitronen- und Orangensaft sowie Grenadine mit Eiswürfeln im Shaker kräftig schütteln und durch das Barsieb in einen Sektkelch abgießen. Die Erdbeere an den Glasrand stecken.

Drambuie Eng miteinander verknüpft ist die Geschichte des schottischen Freiheitskampfs mit der Legende um die Entstehung des Drambuie. Diese schreibt dem schottischen Thronanwärter Prince Charles Edward III. Stuart die Urheberschaft der Rezeptur zu. Wahrscheinlich aber ist der Drambuie aus alten Hausrezepten entstanden. Er wird aus bis zu 17 Jahre altem Malt Whisky, Grain Whisky, Heidehonig und aromatischen Kräutern hergestellt. Sein Name stammt aus dem Gälischen (»an dram buidheach«) und bedeutet ein Trank, der zufrieden macht.

Vanity

2 cl Gin
2 cl Blue Curaçao
1 cl Grenadine
2 cl Zitronensaft
3 cl Ananassaft
1 Physalis zum Garnieren

So wird's gemacht

Gin, Blue Curaçao, Grenadine, Zitronensaft und Ananassaft mit Eiswürfeln im Shaker kräftig schütteln und in ein Stielglas abgießen. Zum Schluss die Physalis an den Glasrand des fertigen Drinks stecken.

Adria Look

2 cl Blue Curaçao

2 cl Gin

2 cl Zitronensaft

Kalter Sekt

**1 Aprikosenstück und
2 Cocktailkirschen
zum Garnieren**

So wird's gemacht

Die Zutaten – ohne Sekt – mit Eiswürfeln im Shaker kräftig schütteln und durch das Barsieb in ein großes Sektglas abgießen. Mit dem Sekt auffüllen. Das Aprikosenstück an den Glasrand stecken und die Cocktailkirschen in das Glas geben.

Planter's Punch

6 cl braunen Rum
2 cl Grenadine
2 cl Zitronensaft
6 cl Ananassaft
6 cl Orangensaft
1 Stück Ananas und
1 Cocktailkirsche zum Garnieren

So wird's gemacht

Alle Zutaten mit Eiswürfeln im Shaker kräftig schütteln und durch das Barsieb in ein Longdrinkglas auf einige Eiswürfel abgießen. Mit dem Ananasstück und der Cocktailkirsche garnieren. Zwei Trinkhalme dazugeben.

Pink Elephant

4 cl braunen Rum

2 cl Crème de Bananes

1 cl Grenadine

1 cl Zitronensaft

6 cl Grapefruitsaft

6 cl Maracujanektar

1/2 Orangenscheibe und
1 Cocktailkirsche zum
Garnieren

So wird's gemacht

Alle Zutaten mit Eiswürfeln im
Shaker kräftig schütteln und durch
das Barsieb in ein Fancyglas auf
einige Eiswürfel abgießen. Mit der
halben Orangenscheibe und der
Cocktailkirsche garnieren. Zwei
Trinkhalme dazugeben.

Jamaica Rum Der beliebteste Rum bei uns ist der kräftig-würzige Rum aus Jamaica. Traditionell wurde dieser in Deutschland zum Rum-Verschnitt verarbeitet. Doch Rum ist nicht gleich Rum. Man unterscheidet zwischen Original Rum, Echtem Rum und Rum-Verschnitt. Original Rum darf nach der Einfuhr nicht mehr verändert werden. Echter Rum ist Original Rum, der im Inland auf Trinkstärke, meist um die 40,0 % vol, herabgesetzt wurde. Die dritte – spezifisch deutsche Rum-Qualität – ist der Rum-Verschnitt. Er entstand ab 1887 und ist eine Mischung aus Original-Rum, neutralem Alkohol und Wasser.

Island Queen

4 cl braunen Rum
2 cl Crème de Bananes
1 cl Erdbeersirup
1 cl Zitronensaft
6 cl Orangensaft
6 cl Maracujanektar
1 Karambolescheibe und 1 Erdbeere zum Garnieren

So wird's gemacht

Alle Zutaten mit Eiswürfeln im Shaker kräftig schütteln und durch das Barsieb in ein Fancyglas auf einige Eiswürfel abgießen. Mit der Karambolescheibe und der Erdbeere garnieren. Trinkhalme dazugeben.

Green Poison

4 cl Tequila

2 cl Blue Curaçao

2 cl Kokossirup

2 cl Zitronensaft

10 cl Maracujanektar

1 Zitronenscheibe und
1 Cocktailkirsche zum
Garnieren

So wird's gemacht

Alle Zutaten mit Eiswürfeln
im Shaker kräftig schütteln
und durch das Barsieb in ein
Longdrinkglas auf einige Eiswürfel abgießen. Die Zitronenscheibe mit der Cocktailkirsche
an den Glasrand stecken.
Trinkhalme dazugeben.

Eldorado

5 cl Tequila

1 cl Triple Sec Curaçao

1 cl Crème de Bananes

4 cl Orangensaft

4 cl Ananassaft

4 cl Bananennektar

1 Orangen-, 1 Limetten-
scheibe und 1 Cocktailkirsche
zum Garnieren

So wird's gemacht

Alle Zutaten mit Eiswürfeln im
Shaker kräftig schütteln und durch
das Barsieb in ein Longdrinkglas
auf einige Eiswürfel abgießen. Mit
der Orangen-, der Limettenscheibe
und der Cocktailkirsche garnieren.
Trinkhalme dazugeben.

Fluffy Coconut

4 cl Koko Kanu Coconut
Rum Liqueur

1 cl Grenadine

2 cl Sahne

8 cl Orangensaft

8 cl Ananassaft

1 Ananasstück und 1 Cock-
tailkirsche zum Garnieren

So wird's gemacht

Likör, Grenadine, Sahne und Säfte
mit Eiswürfeln im Shaker kräftig
schütteln und durch das Barsieb
in ein Fancyglas auf einige Eiswürfel abgießen. Das Ananasstück
mit der Cocktailkirsche an den
Glasrand stecken. Trinkhalme zum
fertigen Drink geben.

Tropical Red

4 cl Red Orange Liqueur

2 cl Gin

6 cl Orangensaft

6 cl Grapefruitsaft

**1/2 Orangenscheibe und
1 Cocktailkirsche zum
Garnieren**

So wird's gemacht

Alle Zutaten mit Eiswürfeln im
Shaker kräftig schütteln und durch
das Barsieb in ein Longdrinkglas
auf einige Eiswürfel abgießen.
Einen Spieß mit der halben Orangenscheibe und der Cocktailkirsche
über den Glasrand legen. Trinkhalme dazugeben.

Pisang Ambon Das Rezept des Pisang Ambon stammt aus Indonesien, und auch der Name hat dort seinen Ursprung. Pisang heißt eine kleine grüne Bananenart, die auf den Amboninseln wächst. Außer dem Namen hat der leuchtend grüne Pisang Ambon jedoch nichts mit den Bananen gemeinsam. Seine Basis sind exotische Früchte, Kräuter und Gewürze. In Deutschland wurde Pisang Ambon 1983 erfolgreich eingeführt. Mit diesem geheimnisvollen grünen Likör schloss sich damals auch die Lücke der Farbe Grün beim Mixen. Seit dieser Zeit, in der die Cocktails wieder modern und exotische Fruchtdrinks immer beliebter wurden, ist Pisang Ambon mit seinen leichten 21,0 % vol eine feste Größe unter den exotischen Fruchtlikören.

Pisang Cooler

4 cl Pisang Ambon
2 cl Wodka
12 cl Orangensaft
1 Minzezweig zum Garnieren

So wird's gemacht

Alle Zutaten mit Eiswürfeln im Shaker kräftig schütteln
und durch das Barsieb in ein Longdrinkglas auf einige
Eiswürfel abgießen. Den Minzezweig und zwei Trinkhalme
dazugeben.

Yellow Bird

4 cl braunen Rum

2 cl Crème de Bananes

2 cl Galliano

6 cl Orangensaft

6 cl Ananassaft

1 Ananasstück und
1 Cocktailkirsche zum
Garnieren

So wird's gemacht

Alle Zutaten mit Eiswürfeln
im Shaker kräftig schütteln
und durch das Barsieb in ein
Fancyglas auf einige Eiswürfel
abgießen. Das Ananasstück
mit der Cocktailkirsche an den
Glasrand stecken. Trinkhalme
dazugeben.

Naranja Caribe

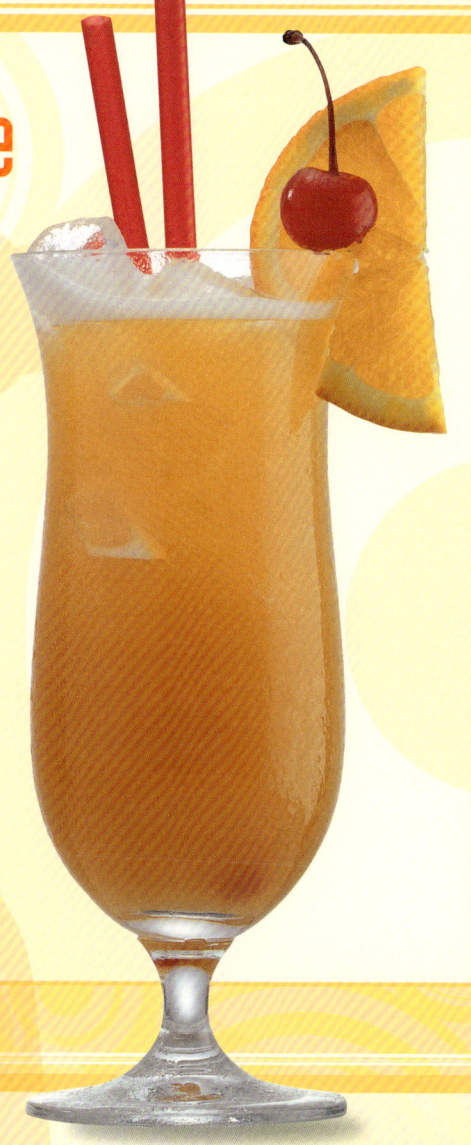

4 cl braunen Rum

2 cl Crème de Bananes

1 cl Galliano

12 cl Orangensaft

**1 Orangenscheibe und
1 Cocktailkirsche zum
Garnieren**

So wird's gemacht

Alle Zutaten mit Eiswürfeln
im Shaker kräftig schütteln
und durch das Barsieb in ein
Fancyglas auf einige Eis-
würfel abgießen. Die Orangenscheibe mit der Cocktailkirsche an den Glasrand
stecken. Trinkhalme dazu-
geben.

Springtime Cooler

4 cl Grasovka Wodka

2 cl Blue Curaçao

1 cl Zuckersirup

3 cl Zitronensaft

6 cl Orangensaft

**1 Karambolestern und
2 Cocktailkirschen zum
Garnieren**

So wird's gemacht

Alle Zutaten mit Eiswürfeln im
Shaker kräftig schütteln und durch
das Barsieb in ein Longdrinkglas auf
einige Eiswürfel abgießen. Den
Karambolestern an den Glasrand
stecken und die Cocktailkirschen in
das Glas geben. Trinkhalme dazugeben.

White Ocean

4 cl Maracuja Liqueur

2 cl Grüne Banane

2 cl Kokossirup

3 cl Sahne

10 cl Ananassaft

1 Ananasstück und 1 Erdbeere zum Garnieren

So wird's gemacht

Maracuja Liqueur, Grüne Banane, Sirup, Sahne und Saft mit Eiswürfeln im Shaker kräftig schütteln und durch das Barsieb in ein Longdrinkglas auf einige Eiswürfel abgießen. Das Ananasstück mit der Erdbeere an den Glasrand stecken und Trinkhalme dazugeben.

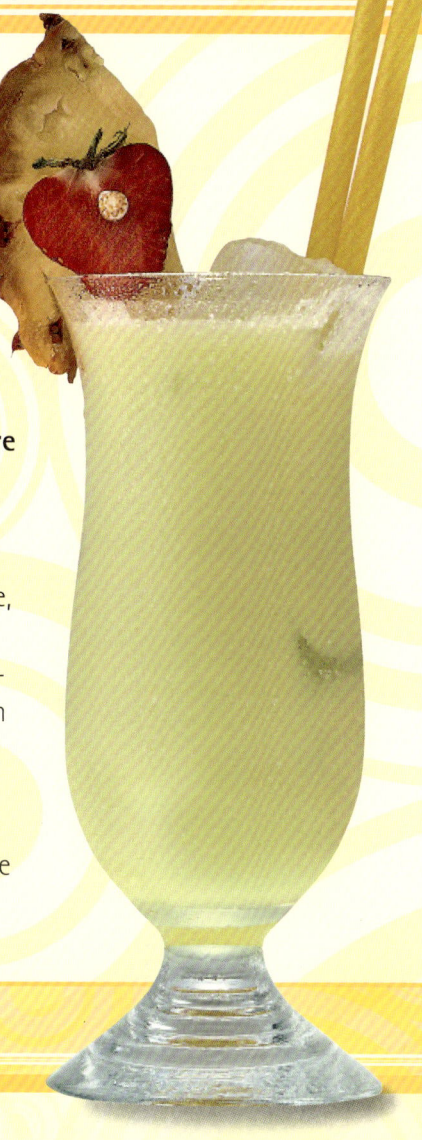

Simply Red

4 cl Wodka

2 cl Red Orange Liqueur

6 cl Orangensaft

6 cl Maracujanektar

1/2 Orangenscheibe zum Garnieren

So wird's gemacht

Alle Zutaten mit Eiswürfeln im Shaker kräftig schütteln und durch das Barsieb in ein Longdrinkglas auf einige Eiswürfel abgießen. Die halbe Orangenscheibe und zwei Trinkhalme dazugeben.

Fruit Romance

6 cl XUXU Erdbeerdrink
4 cl Maracuja Liqueur
6 cl Ananassaft
6 cl Maracujanektar
1 Ananasstück und 1 Physalis
zum Garnieren

So wird's gemacht

Alle Zutaten mit Eiswürfeln im Shaker
kräftig schütteln und durch das Barsieb
in ein Stielglas auf Eiswürfel abgießen.
Das Ananasstück mit der Physalis an den
Glasrand stecken. Trinkhalme dazugeben.

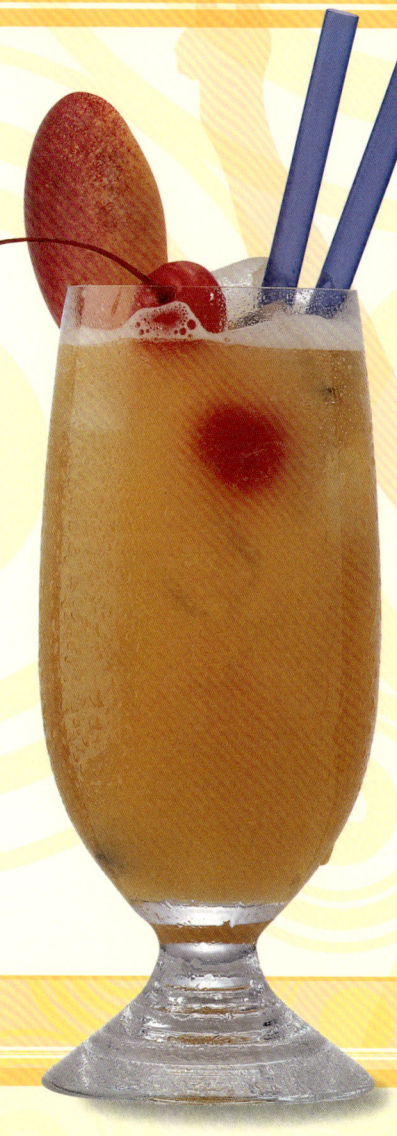

Rio Grande

2 cl Tequila

2 cl Triple Sec Curaçao

2 cl Pfirsichlikör

12 cl Orangensaft

1 Pfirsichspalte und 2 Cocktailkirschen zum Garnieren

So wird's gemacht

Alle Zutaten mit Eiswürfeln im Shaker kräftig schütteln und durch das Barsieb in ein Fancyglas auf einige Eiswürfel abgießen. Die Pfirsichspalte, die Cocktailkirschen und Trinkhalme dazugeben.

Pepper Eater

4 cl Tequila

2 cl Triple Sec Curaçao

6 cl Orangensaft

6 cl roter Traubensaft

1/2 Orangenscheibe zum Garnieren

So wird's gemacht

Alle Zutaten mit Eiswürfeln im Shaker kräftig schütteln und durch das Barsieb in ein Longdrinkglas auf einige Eiswürfel abgießen. Die halbe Orangenscheibe und Trinkhalme dazugeben.

Melon Ball

3 cl Wodka

3 cl Midori Melon Liqueur

6 cl Ananassaft

1 Melonenstück und 1 Cock-tailkirsche zum Garnieren

So wird's gemacht

Wodka, Midori Melon Liqueur und Ananassaft mit Eis-würfeln im Shaker kräftig schütteln und durch das Barsieb in einen Tumbler auf einige Eiswürfel abgießen. Das Melonenstück, die Cock-tailkirsche und kurze Trink-halme dazugeben.

Green Eyes

3 cl Wodka

3 cl Blue Curaçao

12 cl Orangensaft

1/2 Orangenscheibe und 2 grüne Cocktailkirschen zum Garnieren

So wird's gemacht

Alle Zutaten mit Eiswürfeln im Shaker kräftig schütteln und durch das Barsieb in ein Fancyglas auf einige Eiswürfel abgießen. Einen Spieß mit der halben Orangenscheibe und den grünen Cocktailkirschen über den Glasrand legen. Trinkhalme dazugeben.

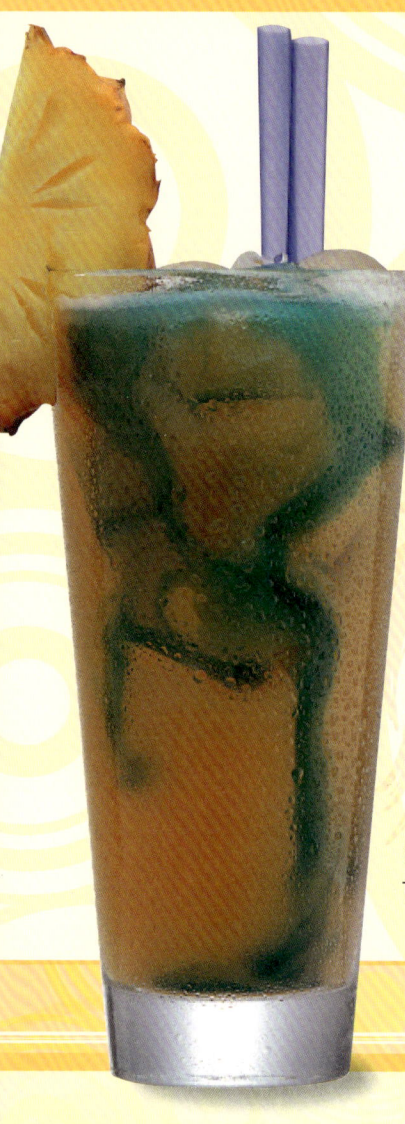

Tropicana

4 cl Cachaça
1 cl Crème de Bananes
1 cl Kokossirup
6 cl Orangensaft
6 cl Maracujanektar
1 cl Blue Curaçao
1 Ananasstück zum Garnieren

So wird's gemacht

Die Zutaten – ohne Blue Curaçao – mit Eiswürfeln im Shaker
kräftig schütteln und durch das
Barsieb in ein Longdrinkglas auf
einige Eiswürfel abgießen.
Anschließend den Blue Curaçao
darüber geben. Das Ananasstück
an den Glasrand stecken und
Trinkhalme zum Drink geben.

Zorro

4 cl Tequila

2 cl Triple Sec Curaçao

1 cl Blue Curaçao

4 cl Grapefruitsaft

10 cl kaltes Tonic Water

1 Orangenscheibe und einige Cocktailkirschen zum Garnieren

So wird's gemacht

Die Zutaten – ohne Tonic Water – mit Eiswürfeln im Shaker kräftig schütteln und durch das Barsieb in ein Longdrinkglas auf einige Eiswürfel abgießen. Mit Tonic Water auffüllen. Die Orangenscheibe an den Glasrand stecken. Einige Cocktailkirschen und zwei Trinkhalme dazugeben.

Corcovado

2 cl Blue Curaçao
1 cl Drambuie Liqueur
2 cl Tequila
Kalte klare Zitronenlimonade
1/2 Orangen-, 1/2 Zitronen-scheibe und 1 Cocktail-kirsche zum Garnieren

So wird's gemacht

Einige Eiswürfel, Blue Curaçao, Drambuie Liqueur und den Tequila in ein Longdrinkglas geben. Mit der kalten, klaren Zitronenlimonade auffüllen und mit je einer halben Orangen- und Zitronenscheibe und der Cocktailkirsche garnieren. Trink-halme zum fertigen Drink geben.

Blue Ocean

2–3 dünne Zitronenscheiben
Einige Cocktailkirschen
3 cl Tequila
3 cl Blue Curaçao
1 cl Maracujasirup
6 cl Grapefruitsaft
Kalte klare Zitronenlimonade

So wird's gemacht

Die Zutaten – ohne Limonade –
mit Eiswürfeln im Shaker kräftig
schütteln und durch ein Barsieb
in ein Longdrinkglas auf einige
Eiswürfel abgießen. Mit der Limonade auffüllen und leicht umrühren. Die Zitronenscheiben und
Cocktailkirschen sowie zwei Trinkhalme dazugeben.

Pitú Samba

4 cl Pitú Cachaça
2 cl Triple Sec Curaçao
1 cl Limettensaft
1 cl Mandelsirup
1 cl Limettensirup
1 cl Strawberry Liqueur
1 Erdbeere zum Garnieren

So wird's gemacht

Die Zutaten – ohne Strawberry Liqueur – mit Eiswürfeln im Shaker kräftig schütteln und durch das Barsieb in einen Tumbler auf einige Eiswürfel abgießen. Den Erdbeerlikör darüber geben, und die Erdbeere an den Glasrand stecken.

Zombie

6 cl braunen Rum

2 cl Triple Sec Curaçao

2 cl Grenadine

2 cl Zitronensaft

4 cl Orangensaft

4 cl Ananassaft

1 Ananasstück und 1 Cocktailkirsche zum Garnieren

So wird's gemacht

Alle Zutaten mit Eiswürfeln im Shaker kräftig schütteln und durch das Barsieb in ein Longdrinkglas auf einige Eiswürfel abgießen. Das Ananasstück mit der Cocktailkirsche an den Glasrand stecken. Trinkhalme dazugeben.

Black Death

4 cl Blue Curaçao
2 cl Tequila
2 cl Grenadine
4 cl Zitronensaft
8 cl Blutorangensaft
1 Zitronenscheibe und
1 Cocktailkirsche zum
Garnieren

So wird's gemacht

Alle Zutaten mit Eiswürfeln
im Shaker kräftig schütteln
und durch das Barsieb in
ein Longdrinkglas auf einige
Eiswürfel abgießen. Die
Zitronenscheibe mit der
Cocktailkirsche an den Glasrand stecken. Trinkhalme
dazugeben.

Long Island Ice Tea

2 cl Wodka

2 cl Gin

2 cl Tequila

2 cl weißen Rum

1 cl Triple Sec Curaçao

1 cl Zitronensaft

10 cl Cola

1/2 Zitronenscheibe zum Garnieren

So wird's gemacht

Wodka, Gin, Tequila, weißen Rum, Triple Sec Curaçao und Zitronensaft in ein Longdrink-glas auf einige Eiswürfel geben und gut verrühren. Die Cola darüber gießen und die halbe Zitronenscheibe dazugeben.

Orange Velvet

2 cl Barsirup Mandel
2 cl Sahne
8 cl Orangensaft
8 cl Maracujanektar

So wird's gemacht

Alle Zutaten mit Eiswürfeln in das Unterteil des Shakers geben. Den Shaker verschließen und kräftig schütteln. Durch das Sieb im Oberteil oder durch ein Barsieb in ein Longdrinkglas auf einige Eiswürfel abgießen. 1 Orangenscheibe und 1 Kiwischeibe mit 1 Cocktailkirsche an den Glasrand stecken. Zum Schluss zwei Trinkhalme in das Glas geben.

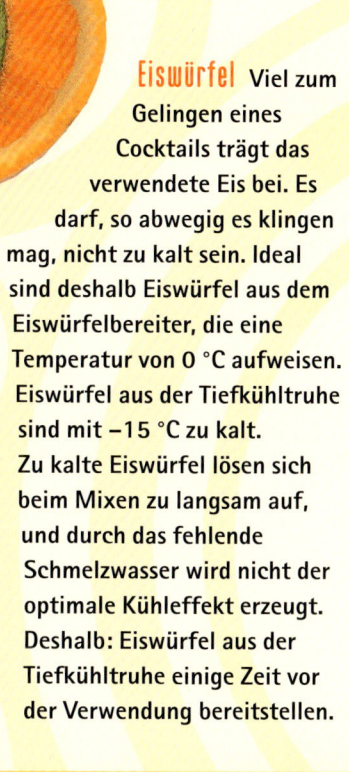

Eiswürfel Viel zum Gelingen eines Cocktails trägt das verwendete Eis bei. Es darf, so abwegig es klingen mag, nicht zu kalt sein. Ideal sind deshalb Eiswürfel aus dem Eiswürfelbereiter, die eine Temperatur von 0 °C aufweisen. Eiswürfel aus der Tiefkühltruhe sind mit −15 °C zu kalt. Zu kalte Eiswürfel lösen sich beim Mixen zu langsam auf, und durch das fehlende Schmelzwasser wird nicht der optimale Kühleffekt erzeugt. Deshalb: Eiswürfel aus der Tiefkühltruhe einige Zeit vor der Verwendung bereitstellen.

Mandarinetto

**2 cl Fruchtsirup
Mandarine**

8 cl Kirschnektar

8 cl Birnennektar

So wird's gemacht

Alle Zutaten mit Eiswürfeln
in das Unterteil des Shakers
geben. Den Shaker verschließen und kräftig schütteln. Durch
das Sieb im Oberteil oder durch ein
Barsieb in eine Cocktailschale abgießen.
Einen Spieß mit Mandarinenspalten und
frischen Kirschen über den Glasrand legen.

Summerfeeling

2 cl Fruchtsirup Preiselbeere
8 cl Pfirsichnektar
8 cl Ananassaft

So wird's gemacht

Alle Zutaten mit Eiswürfeln in
das Unterteil des Shakers
geben. Den Shaker verschließen und kräftig schütteln.
Durch das Sieb im Oberteil oder
durch ein Barsieb in ein großes
Stielglas auf einige Eiswürfel
abgießen. 1 Pfirsichstück an den
Glasrand stecken und zwei Trinkhalme in
das Glas geben.

Strawberry Kiss

2 cl Barsirup Erdbeere
2 cl Sahne
6 cl Maracujanektar
6 cl Mangonektar
6 cl Orangensaft

So wird's gemacht

Alle Zutaten mit Eiswürfeln in das Unterteil des Shakers geben. Den Shaker verschließen und kräftig schütteln. Durch das Sieb im Oberteil oder durch ein Barsieb in ein Longdrinkglas auf einige Eiswürfel abgießen. Mit 1 Erdbeere dekorieren. Zum Schluss zwei Trinkhalme in das Glas geben.

Erdbeersirup Obwohl der Erdbeersirup kein Exote ist und zumindest nach der Erntezeit immer verfügbar war, führte er über Jahrzehnte ein einsames Dasein als Beigabe zu Mineralwasser. Auch bei den Barprofis war er lange Zeit nur ein Sirup unter vielen. Der Erfolg der fruchtigen, alkoholfreien Drinks führte jedoch innerhalb weniger Jahre dazu, dass der Erdbeersirup heute eine Spitzenposition einnimmt.

Summer Fun

8 cl Preiselbeernektar
6 cl Pfirsichnektar
6 cl Ananassaft

So wird's gemacht

Alle Zutaten mit Eis-
würfeln in das Unterteil
des Shakers geben. Den
Shaker verschließen
und kräftig schütteln.
Durch das Sieb im
Oberteil oder durch ein
Barsieb in einen großen
Tumbler auf einige Eiswürfel
abgießen. Mit 1 Pfirsichstück
und 1 Erdbeere garnieren.

Florida Flip

1 Eigelb
2 cl Fruchtsirup Mango
Einige Tropfen Grenadine
10 cl Orangensaft

So wird's gemacht

Alle Zutaten mit Eiswürfeln
in das Unterteil des Shakers
geben. Den Shaker ver-
schließen und kräftig
schütteln. Durch das Sieb im
Oberteil oder durch ein Barsieb in ein Fancyglas auf einige
Eiswürfel abgießen. 1 Erdbeere
an den Glasrand stecken.

Purpur Pineapple

2 cl Fruchtsirup Ananas
8 cl Kirschnektar
8 cl Bananennektar

So wird's gemacht

Alle Zutaten mit Eiswürfeln in das Unterteil des Shakers geben. Den Shaker verschließen und kräftig schütteln. Durch das Sieb im Oberteil oder durch ein Barsieb in ein Longdrinkglas auf einige Eiswürfel abgießen. Mit 1 Ananasstück, 1 Bananenscheibe und 1 frischen Kirsche dekorieren. Zum Schluss zwei Trinkhalme in das Glas geben.

Fiesta

2 cl Barsirup Erdbeere
2 cl Sahne
8 cl Orangensaft
8 cl Maracujanektar

So wird's gemacht

Alle Zutaten mit Eiswürfeln in das Unterteil des Shakers geben. Den Shaker verschließen und kräftig schütteln. Durch das Sieb im Oberteil oder durch ein Barsieb in ein Longdrinkglas auf einige Eiswürfel abgießen. 1 Erdbeere an den Glasrand des Cocktails stecken. Zum Schluss zwei Trinkhalme in das Glas geben.

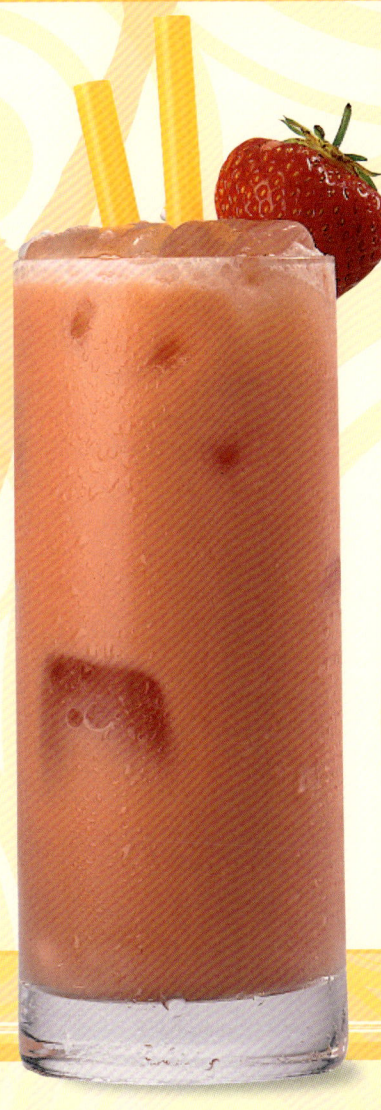

Neue Sirupkreationen Mit dem vor rund zehn Jahren erstmals angebotenen Blue-Curaçao-Sirup konnte man Drinks in einer neuen Geschmacksrichtung und in einer neuen Farbe mixen. Heute zählt dieser schon zum Standard, und nun sind die alkoholisch schmeckenden Sirupe im Kommen. Neu im Sortiment des größten deutschen Sirupproduzenten Riemerschmid sind der Havana- und der London-Dry-Sirup. Mit ihnen mixt man täuschend echt nach Rum und Gin schmeckende Drinks ohne Alkohol.

Green Almond

2 cl Barsirup Blue Curaçao
2 cl Barsirup Mandel
8 cl Orangensaft
8 cl Ananassaft

So wird's gemacht

Alle Zutaten mit Eiswürfeln in das Unterteil des Shakers geben. Den Shaker verschließen und kräftig schütteln. Durch das Sieb im Oberteil oder durch ein Barsieb in ein Longdrinkglas auf einige Eiswürfel abgießen. Den Drink mit 1 Karambolestern und 1 Cocktailkirsche dekorieren. Zum Schluss zwei Trinkhalme in das Glas geben.

Cinderella

1 cl Barsirup Granatapfel
2 cl Barsirup Kokos
2 cl Sahne
8 cl Orangensaft
8 cl Ananassaft

So wird's gemacht

Alle Zutaten mit Eiswürfeln in das Unterteil des Shakers geben. Den Shaker verschließen und kräftig schütteln. Durch das Sieb im Oberteil oder durch ein Barsieb in ein großes Stielglas auf einige Eiswürfel abgießen.
Einen Spieß mit Bananenscheiben und Cocktailkirschen über den Glasrand legen und zwei Trinkhalme in das Glas geben.

Rubino

1 cl Fruchtsirup Granatapfel
10 cl roter Traubensaft
10 cl Schwarzer-Johannis-
beer-Nektar

So wird's gemacht

Alle Zutaten mit Eiswürfeln in
das Unterteil des Shakers
geben. Den Shaker verschließen
und kräftig schütteln. Durch das
Sieb im Oberteil oder durch ein
Barsieb in ein großes Stielglas auf
einige Eiswürfel abgießen. Mit einigen
roten Trauben dekorieren. Zum Schluss
zwei Trinkhalme in das Glas geben.

Strawberry Cup

Einige Erdbeeren
1 cl Barsirup Erdbeere
2 cl Barsirup Kokos
2 cl Sahne
15 cl Ananassaft

So wird's gemacht

Ein großes Fancyglas
mit einem Kokosrand
verzieren. Alle Zutaten
mit etwas gestoßenem Eis
in den Elektromixer geben
und gut durchmixen. Die
Mischung in das vorbereitete
Glas abgießen und 1 Erdbeere
an den Glasrand stecken.

Athletic

**2 cl Fruchtsirup
Preiselbeere**

2 cl Sahne

16 cl roter Traubensaft

So wird's gemacht

Preiselbeersirup, Sahne und
roten Traubensaft mit Eiswürfeln in das Unterteil des Shakers
geben. Den Shaker verschließen
und kräftig schütteln. Durch das Sieb
im Oberteil oder durch ein Barsieb in ein
großes Stielglas auf einige Eiswürfel abgie
ßen. Mit einigen Trauben garnieren.

Grenadine-Milk

1 Kugel Vanilleeis
2 cl Grenadine
15 cl kalte Milch

So wird's gemacht

Alle Zutaten mit etwas gestoßenem Eis in den Elektromixer geben, verschließen und gut durchmixen. In ein Fancyglas abgießen. 1 Erdbeere an den Glasrand stecken.

Milkshake

5 mittelgroße Erdbeeren

1 Kugel Vanilleeis

2 cl Barsirup Erdbeere

15 cl kalte Milch

So wird's gemacht

Alle Zutaten mit etwas gestoßenem Eis in den Elektromixer geben, verschließen und gut durchmixen. In eine große Cocktailschale abgießen. Mit 1 Erdbeere verzieren.

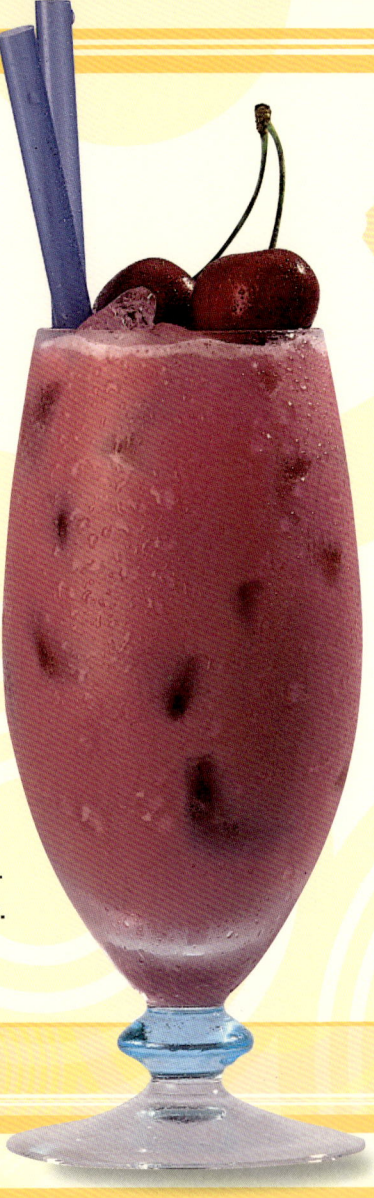

Die Milch macht's Mixen mit Milch bringt Abwechslung in den Speisezettel und bietet eine attraktive Möglichkeit, die für unsere Gesundheit so wichtige und wertvolle Milch in den täglichen Ernährungsplan einzubauen. Wenn Milch »pur« einmal auf Ablehnung stößt, so kann dem mit einem Mixbecher und etwas Phantasie schnell abgeholfen werden. Auf diese Weise kann man Kindern die Milch schmackhaft machen oder einem verantwortungsbewussten Autofahrer ein Milchmixgetränk anbieten. Anlässe gibt es viele, und dem Einfallsreichtum sind keine Grenzen gesetzt.

Coco-Cherry-Milk

2 cl Fruchtsirup Kokos
8 cl Milch
12 cl Kirschnektar

So wird's gemacht

Kokossirup, Milch und Kirschnektar mit Eiswürfeln in das
Unterteil des Shakers geben. Den Shaker verschließen und
kräftig schütteln. Durch das Sieb im Oberteil oder durch
ein Barsieb in ein Fancyglas auf einige Eiswürfel abgießen.
Mit frischen Kirschen garnieren. Zum Schluss zwei Trinkhalme in das Glas geben.

Pink Power

**4 cl Fruchtsirup
Preiselbeere**

15 cl kalte Buttermilch

So wird's gemacht

Die kalte Buttermilch in ein
Fancyglas geben. Mit einem
Barlöffel den Preiselbeer-
sirup einrühren. Zum
Schluss zwei Trinkhalme in
das Glas geben.

Pick Me Up

10 cl Sangrita Classic Würzdrink

10 cl Milch

1 Eigelb

Einige Tropfen Zitronensaft

So wird's gemacht

Alle Zutaten mit Eiswürfeln in das Unterteil des Shakers geben. Den Shaker verschließen und kräftig schütteln. Durch das Sieb im Oberteil oder durch ein Barsieb in ein Longdrinkglas auf einige Eiswürfel abgießen. 1 Zitronenscheibe an den Glasrand stecken.

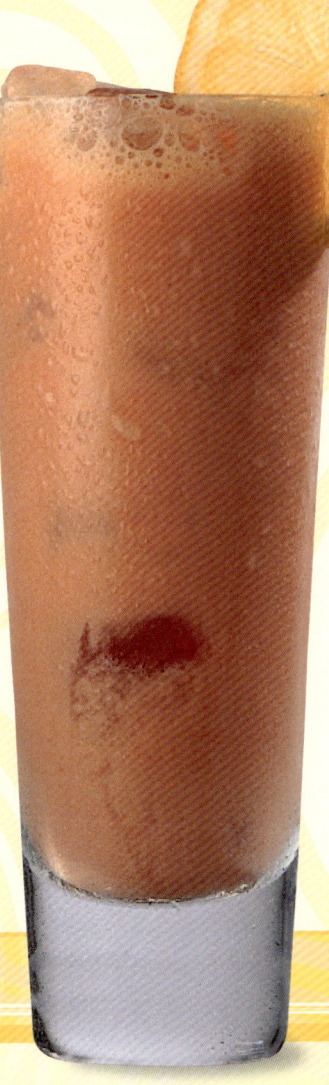

Flamingo

2 cl Barsirup Kokos
2 cl Barsirup Erdbeere
8 cl Orangensaft
8 cl Grapefruitsaft

So wird's gemacht

Alle Zutaten mit Eiswürfeln
in das Unterteil des Shakers
geben. Den Shaker verschließen und kräftig schütteln. Durch
das Sieb im Oberteil oder durch ein
Barsieb in ein großes Stielglas auf
einige Eiswürfel abgießen. Mit 1 Erdbeere
dekorieren. Zum Schluss zwei Trinkhalme in
das Glas geben.

Red Fruits

**2 cl Barsirup
Granatapfel**

**6 cl roter
Traubensaft**

6 cl Kirschnektar

6 cl Preiselbeernektar

So wird's gemacht

Alle Zutaten mit Eiswürfeln in
das Unterteil des Shakers geben.
Den Shaker verschließen und kräftig schütteln. Durch das Sieb im Oberteil oder durch ein Barsieb in eine
große Cocktailschale abgießen. Zum
Schluss einen Spieß mit Trauben und
frischen Kirschen über den Glasrand
legen.

Virgin Mary

Pfeffer und Salz

2 Spritzer Tabasco

3–5 Spritzer
Worcestershiresauce

Einige Tropfen Zitronensaft

20 cl Tomatensaft

So wird's gemacht

Die Zutaten in der oben ange-
gebenen Reihenfolge in ein
Longdrinkglas auf einige Eiswürfel geben. Anschließend
mit einem Barlöffel gut verrühren. 1 Zitronenscheibe zum
Garnieren an den Glasrand
stecken. Zum Schluss einen
Stirrer in das Glas geben.

Moon Walker

5 cl Preiselbeernektar

5 cl Orangensaft

5 cl roter Traubensaft

5 cl Schwarzer-Johannisbeer-Nektar

So wird's gemacht

Alle Zutaten mit Eiswürfeln in das Unterteil des Shakers geben. Den Shaker verschließen und kräftig schütteln. Durch das Sieb im Oberteil oder durch ein Barsieb in ein Fancyglas auf einige Eiswürfel abgießen. Mit 1 Orangenscheibe und 2 Trauben garnieren.

Golden Nugget

2 cl Fruchtsirup Limette
2 cl Zitronensaft
12 cl Maracujanektar

So wird's gemacht

Limettensirup, Zitronensaft und Maracujanektar mit Eiswürfeln in das Unterteil des Shakers geben. Den Shaker verschließen und kräftig schütteln. Durch das Sieb im Oberteil oder durch ein Barsieb in ein Fancyglas auf einige Eiswürfel abgießen. 1 Limettenscheibe mit 1 Kumquat an den Glasrand stecken. Zum Schluss zwei Trinkhalme in das Glas geben.

Limettensirup Die Limette – fälschlicherweise oft Limone genannt – ist bei uns ganzjährig zu erhalten. Sie ist gewissermaßen die Zitrone der Tropen, sehr saftig und kräftig-aromatisch sauer. Der Limettensaft ist die Basis des Limettensirup, der mit seiner Fruchtnote viele Mixdrinks aromatisiert.

Red Orchid

2 cl Grenadine
2 cl Fruchtsirup Limette
1 cl Zitronensaft
6 cl Grapefruitsaft
10 cl Orangensaft

So wird's gemacht

Alle Zutaten mit Eiswürfeln in das Unterteil des Shakers geben. Den Shaker verschließen und kräftig schütteln. Durch das Sieb im Oberteil oder durch ein Barsieb in ein Fancyglas auf einige Eiswürfel abgießen. Einen Spieß mit Erdbeeren und Melonenstücken über den Glasrand legen. Zum Schluss zwei Trinkhalme in das Glas geben.

Southside

2 cl Barsirup Kokos

2 cl Barsirup Granatapfel

16 cl Grapefruitsaft

So wird's gemacht

Alle Zutaten mit Eiswürfeln in das Unterteil des Shakers geben. Den Shaker verschließen und kräftig schütteln. Durch das Sieb im Oberteil oder durch ein Barsieb in ein Fancyglas auf einige Eiswürfel abgießen. Mit 1 Grapefruitstück und 1 Cocktailkirsche garnieren. Zum Schluss zwei Trinkhalme in das Glas geben.

Californian

2 cl Fruchtsirup Mango

2 cl Fruchtsirup Limette

8 cl Orangensaft

8 cl Grapefruitsaft

So wird's gemacht

Alle Zutaten mit Eiswürfeln in das Unterteil des Shakers geben. Den Shaker verschließen und kräftig schütteln. Durch das Sieb im Oberteil oder durch ein Barsieb in ein Fancyglas auf einige Eiswürfel abgießen. Den Drink mit 1 Limettenscheibe und 1 Cocktailkirsche am Glasrand verzieren. Zum Schluss zwei Trinkhalme in das Glas geben.

Cocomint

2 cl Barsirup Kokos

2 cl Barsirup Pfefferminz

1 cl Zitronensaft

8 cl Orangensaft

8 cl Ananassaft

So wird's gemacht

Kokos- und Pfefferminzsirup sowie Zitronen-, Orangen- und Ananassaft mit Eiswürfeln in das Unterteil des Shakers geben. Den Shaker verschließen und kräftig schütteln. Durch das Sieb im Oberteil oder durch ein Barsieb in ein Fancyglas auf einige Eiswürfel abgießen. Mit 1 Minzezweig und 1 Cocktailkirsche verzieren. Zum Schluss zwei Trinkhalme in das Glas geben.

Pussy Foot

2 cl Grenadine
6 cl Orangensaft
6 cl Grapefruitsaft
6 cl Ananassaft

So wird's gemacht

Alle Zutaten mit Eiswürfeln in das Unterteil des Shakers geben. Den Shaker verschließen und kräftig schütteln. Durch das Sieb im Oberteil oder durch ein Barsieb in ein Longdrinkglas auf einige Eiswürfel abgießen. 1 Ananasstück mit 1 Cocktailkirsche an den Glasrand stecken. Zum Schluss zwei Trinkhalme in das Glas geben.

Baby Colada

4 cl Fruchtsirup Kokos
2 cl Sahne
16 cl Ananassaft

So wird's gemacht

Alle Zutaten mit Eiswürfeln in das Unterteil des Shakers geben. Den Shaker verschließen und kräftig schütteln. Durch das Sieb im Oberteil oder durch ein Barsieb in ein Longdrinkglas auf einige Eiswürfel abgießen. 1 Ananasstück mit 1 Cocktailkirsche an den Glasrand stecken. Zum Schluss zwei Trinkhalme in das Glas geben.

Blue Passion

2 cl Barsirup Blue Curaçao
2 cl Fruchtsirup Maracuja
16 cl Grapefruitsaft

So wird's gemacht

Blue-Curaçao-Sirup, Maracujasirup und Grapefruitsaft mit Eiswürfeln in das Unterteil des Shakers geben. Den Shaker verschließen und kräftig schütteln. Durch das Sieb im Oberteil oder durch ein Barsieb in ein Fancyglas auf einige Eiswürfel abgießen. Mit 1 Grapefruitstück und 1 Cocktailkirsche verzieren. Zum Schluss zwei Trinkhalme in das Glas geben.

Die Farbe Blau Oftmals wird ein Drink nach seiner Farbe ausgewählt – und der Ärger ist groß, wenn man mit Blue Curaçao einen grünen Drink erhält. Da hilft nur probieren, denn die einzelnen Fruchtsaftmarken wirken durch ihren Säuregehalt unterschiedlich. Ein Test mit einer kleinen Menge gibt darüber Aufschluss. Seiner Farbe treu bleibt der Blue-Curaçao-Sirup am ehesten bei Ananas- oder Grapefruitsaft. Auch die Menge macht's aber leider nicht: Viel Blue Curaçao führt nicht zu mehr Blau, sondern verstärkt das Grün noch.

Yellow Sun

**2 cl Fruchtsirup
Maracuja
6 cl Orangensaft
6 cl Grapefruitsaft
6 cl Bananennektar**

So wird's gemacht

Alle Zutaten mit Eiswürfeln in das Unterteil des Shakers geben. Den Shaker verschließen und kräftig schütteln. Durch das Sieb im Oberteil oder durch ein Barsieb in ein Fancy-glas auf einige Eiswürfel abgießen. Den fertigen Cocktail mit einem Fruchtspieß garnieren. Zum Schluss zwei Trinkhalme in das Glas geben.

Speedy

2 cl Barsirup Blue Curaçao
6 cl Maracujanektar
6 cl Grapefruitsaft
6 cl Bananennektar

So wird's gemacht

Alle Zutaten mit Eiswürfeln in
das Unterteil des Shakers
geben. Den Shaker verschließen und kräftig schütteln.
Durch das Sieb im Oberteil oder
durch ein Barsieb in ein Fancyglas auf einige Eiswürfel abgießen. Mit 1 Karambolestern und
1 Erdbeere verzieren. Zum Schluss
zwei Trinkhalme in das Glas geben.

Pink Planter

**4 cl Barsirup
Rum**

**5 cl Bananen-
nektar**

5 cl Kirschnektar

5 cl Grapefruitsaft

So wird's gemacht

Alle Zutaten mit Eiswürfeln in
das Unterteil des Shakers geben.
Den Shaker verschließen und
kräftig schütteln. Durch das
Sieb im Oberteil oder durch ein
Barsieb in ein Longdrinkglas auf
einige Eiswürfel abgießen.
1 Karambolestern mit 1 Cocktailkirsche an den Glasrand stecken.
Zum Schluss zwei Trinkhalme in
das Glas geben.

Chiquita Punch

2 cl Fruchtsirup Banane

2 cl Fruchtsirup Granatapfel

2 cl Sahne

14 cl Orangensaft

So wird's gemacht

Alle Zutaten mit Eiswürfeln in das Unterteil des Shakers geben. Den Shaker verschließen und kräftig schütteln. Durch das Sieb im Oberteil oder durch ein Barsieb in ein Fancyglas auf einige Eiswürfel abgießen. 1 Orangenscheibe mit 1 Cocktailkirsche an den Glasrand stecken. Zum Schluss zwei Trinkhalme in das Glas geben.

Elektromixer Für den versierten Profi gibt es robuste Elektromixer mit starkem Motor. Für den Hobbymixer sind die heute in fast jeder Küche anzutreffenden Modelle absolut ausreichend. Der Elektromixer kann zum Pürieren von Früchten, zum Sahneschlagen und beim Mixen von Drinks eingesetzt werden, die Sahne, Eier oder Milch enthalten. Auch zur Zubereitung von Drinks mit Crushed Ice oder bei der Herstellung von größeren Mengen an Cocktails ist der Elektromixer äußerst vorteilhaft.

Swimming Pool

2 cl Barsirup Blue Curaçao
2 cl Barsirup Kokos
2 cl Sahne
14 cl Ananassaft

So wird's gemacht

Alle Zutaten mit Eiswürfeln in das Unterteil des Shakers geben. Den Shaker verschließen und kräftig schütteln. Durch das Sieb im Oberteil oder durch ein Barsieb in ein Fancyglas auf einige Eiswürfel abgießen. 1 Ananasstück mit 1 Cocktailkirsche an den Glasrand stecken. Zum Schluss zwei Trinkhalme in das Glas geben.

Crazy Coconut

2 cl Barsirup Kokos
6 cl Maracujanektar
6 cl Mangonektar
6 cl Bananennektar

So wird's gemacht

Kokossirup, Maracuja-, Mango- und Bananennektar mit Eiswürfeln in das Unterteil des Shakers geben. Den Shaker verschließen und kräftig schütteln. Durch das Sieb im Oberteil oder durch ein Barsieb in ein Fancyglas auf einige Eiswürfel abgießen. Mit einem Fruchtspieß garnieren. Zum Schluss zwei Trinkhalme in das Glas geben.

Tropical

2 cl Fruchtsirup Limette
2 cl Fruchtsirup Kokos
8 cl Kirschnektar
8 cl Bananennektar

So wird's gemacht

Alle Zutaten mit Eiswürfeln in das Unterteil des Shakers geben. Den Shaker verschließen und kräftig schütteln. Durch das Sieb im Oberteil oder durch ein Barsieb in ein Fancyglas auf einige Eiswürfel abgießen. Mit einem Spieß aus Bananenscheiben und Cocktailkirschen dekorieren. Zum Schluss zwei Trinkhalme in das Glas geben.

Mangosirup Die Mango ist die Königin der Tropenfrüchte. Sie ist die wichtigste neben Banane und Ananas und übertrifft mit ihrem köstlichen, exotischen Geschmack alle vergleichbaren Früchte. Weit über 1000 Mangoarten in unterschiedlichen Größen und Farben sind bekannt. Die Urheimat und bis heute wichtigste Anbauregion ist Indien. Mangos sind heute fast überall in den Tropen verbreitet. Mit Mangosirup gemixt, erhält jeder Drink eine intensive Note und ein exotisches Flair.

Yellow Fun

2 cl Fruchtsirup Mango
2 cl Zitronensaft
8 cl Maracujanektar
8 cl Pfirsichnektar

So wird's gemacht

Alle Zutaten mit Eiswürfeln in das Unterteil des Shakers geben. Den Shaker verschließen und kräftig schütteln. Durch das Sieb im Oberteil oder durch ein Barsieb in ein Fancyglas auf einige Eiswürfel abgießen. 1 Pfirsichstück mit 1 Cocktailkirsche an den Glasrand stecken. Zum Schluss zwei Trinkhalme in das Glas geben.

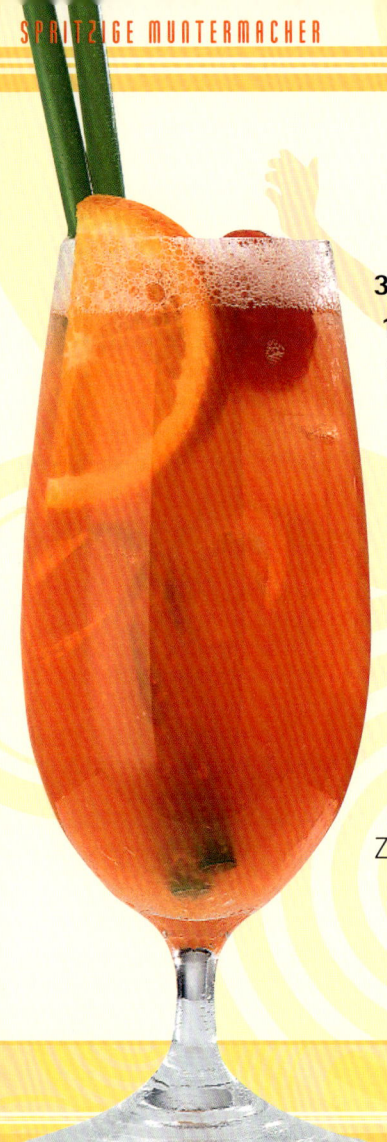

Summer Collins

3 cl Barsirup London Dry
1 cl Barsirup Cranberry
2 cl Zitronensaft
4 cl Orangensaft
10 cl kaltes Bitter Lemon

So wird's gemacht

Die Sirupe, den Zitronen- und
den Orangensaft in ein Fancyglas
auf einige Eiswürfel geben. Mit
einem Barlöffel gut vermischen
und mit kaltem Bitter Lemon auffüllen. Mit 1/2 Orangenscheibe
und 2 Cocktailkirschen dekorieren.
Zwei Trinkhalme mit ins Glas geben.

Apricot Lady

2 cl Fruchtsirup Aprikose

8 cl Orangensaft

10 cl kaltes Bitter Lemon

So wird's gemacht

Den Aprikosensirup und den Orangensaft in ein Longdrinkglas auf einige Eiswürfel geben. Mit einem Barlöffel gut vermischen und mit kaltem Bitter Lemon auffüllen. Zum Schluss mit 1 Aprikosenstück dekorieren und einen Stirrer mit ins Glas geben.

Cranberry Cooler

10 cl Preiselbeernektar

5 cl Apfelsaft

Einige Tropfen Zitronensaft

Kaltes Mineralwasser mit Kohlensäure

So wird's gemacht

Ein Longdrinkglas mit einer Zitronenschalenspirale dekorieren. Eiswürfel in das Glas geben, alle Zutaten – ohne Mineralwasser – dazugießen und mit einem Barlöffel gut vermischen. Mit dem kalten Mineralwasser auffüllen und zwei Trinkhalme in das Glas geben.

Sparkling Mango

2 cl Fruchtsirup Mango
8 cl Maracujanektar
12 cl kaltes Schweppes Bitter Orange

So wird's gemacht

Den Mangosirup und den Maracujanektar in ein Fancyglas mit einigen Eiswürfeln geben. Mit einem Barlöffel gut vermischen und mit kaltem Bitter Orange auffüllen. 1/2 Orangenscheibe in den Drink geben. Zum Schluss zwei Trinkhalme in das Glas geben.

Cool Strawberry

2 cl Barsirup Erdbeere

1 cl Zitronensaft

8 cl Maracujanektar

10 cl kaltes Bitter Lemon

So wird's gemacht

Alle Zutaten – ohne Bitter Lemon – mit Eiswürfeln in das Unterteil des Shakers geben. Den Shaker verschließen und kräftig schütteln. Durch das Sieb im Oberteil oder durch ein Barsieb in ein Fancyglas auf einige Eiswürfel abgießen. Mit Bitter Lemon auffüllen. 1 Erdbeere an den Glasrand stecken und zwei Trinkhalme in das Glas geben.

Kirsch Tonic

2 cl Fruchtsirup Limette
10 cl Kirschnektar
Kaltes Tonic Water

So wird's gemacht

Den Limettensirup und den
Kirschnektar in ein Longdrink-
glas mit Eiswürfeln geben.
Die Zutaten mit einem Bar-
löffel gut vermischen und
anschließend mit kaltem Tonic
Water auffüllen. Den Drink mit
1 Limettenscheibe und frischen
Kirschen garnieren. Zum
Schluss zwei Trinkhalme in das
Glas geben.

Tom Collins

4 cl Zitronensaft
6 cl Barsirup Gin
10 cl kaltes Sodawasser

So wird's gemacht

Alle Zutaten – ohne Sodawasser – mit Eiswürfeln in das Unterteil des Shakers geben. Den Shaker verschließen und kräftig schütteln. Durch das Sieb im Oberteil in ein Longdrinkglas auf einige Eiswürfel abgießen. Mit Sodawasser auffüllen und mit einem Barlöffel leicht umrühren. 1/2 Zitronenscheibe an den Glasrand stecken und 2 Cocktailkirschen dazugeben.

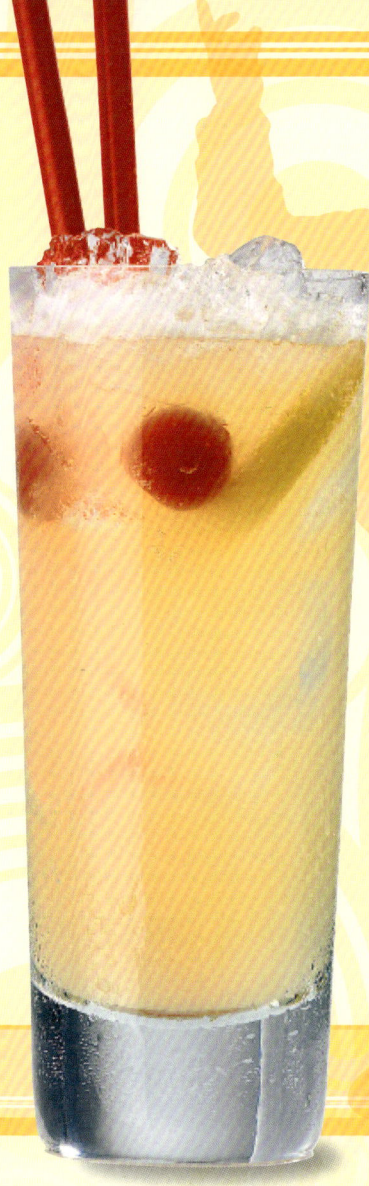

Tom Collins Der Tom Collins war einer der berühmtesten Drinks zu Beginn des 20. Jahrhunderts. Sein Erfinder, ein Londoner Barmixer namens Collins, schuf eine einfache, erfrischende Mischung aus Gin, Zitronensaft, Zucker und Sodawasser.

Durch die Entwicklung des Gin-Sirups lässt sich nun auch eine alkoholfreie Variante mixen. Die relativ einfache Rezeptur erlaubt auch das direkte Anrichten im Glas, d. h., Sirup und Zitronensaft mit Eiswürfeln ins Glas geben, mit einem Barlöffel gut vermischen und mit Sodawasser auffüllen.

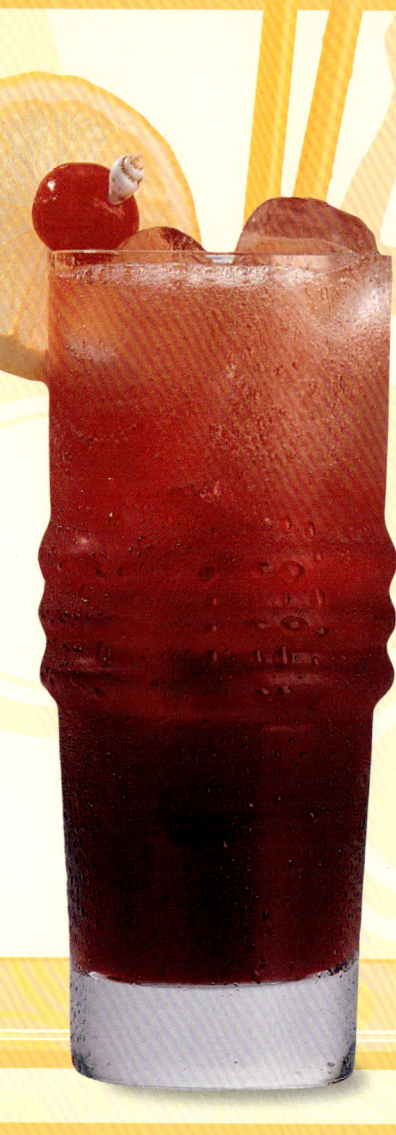

Summer Cooler

2 cl Fruchtsirup Limette
8 cl Kirschnektar
Kaltes Ginger Ale

So wird's gemacht

Den Limettensirup und den Kirschnektar in ein Longdrinkglas mit Eiswürfeln geben. Mit einem Barlöffel gut vermischen und mit kaltem Ginger Ale auffüllen. 1 Zitronenscheibe mit 1 Cocktailkirsche an den Glasrand stecken. Zum Schluss zwei Trinkhalme in das Glas geben.

Red Angel

2 cl Fruchtsirup Limette
8 cl roter Traubensaft
Kaltes Bitter Lemon

So wird's gemacht

Den Limettensirup und den roten Traubensaft in ein Longdrinkglas mit Eiswürfeln geben. Mit einem Barlöffel gut vermischen und mit kaltem Bitter Lemon auffüllen. Mit 1 Limettenscheibe und einigen roten Trauben dekorieren. Zum Schluss zwei Trinkhalme in das Glas geben.

Limetten-Spritzer

4 cl Fruchtsirup Limette
Kaltes Mineralwasser mit Kohlensäure

So wird's gemacht

Den Limettensirup in ein Longdrink-glas auf einige Eiswürfel geben und anschließend mit kaltem, kohlen-säurehaltigem Mineralwasser auffüllen. 1 Limettenscheibe zu dem Drink geben. Zum Schluss zwei Trinkhalme in das Glas geben.

Azzurro Notte

2 cl Barsirup Mandel
2 cl Barsirup Blue Curaçao
4 cl Zitronensaft
Kaltes Tonic Water

So wird's gemacht

Ein Fancyglas mit einer
Zitronenschalenspirale
dekorieren. Eiswürfel in
das Glas geben, alle
Zutaten – ohne Mineral-
wasser – dazugießen und
mit einem Barlöffel vermischen. Mit kaltem Tonic Water
auffüllen und Trinkhalme in das
Glas geben.

Pink Dream

**2 cl Fruchtsirup Preisel-
beere**
8 cl Orangensaft
10 cl kaltes Bitter Lemon

So wird's gemacht

Den Preiselbeersirup und den
Orangensaft in ein Longdrinkglas
mit einigen Eiswürfeln geben. Mit
einem Barlöffel gut vermischen
und anschließend mit dem kalten
Bitter Lemon auffüllen. Mit
1 Orangenscheibe und 2 Cocktailkirschen verzieren. Zum Schluss
zwei Trinkhalme in das Glas
geben.

Yellow Boxer

**2 cl Fruchtsirup
Mandarine**
2 cl Zitronensaft
10 cl Orangensaft
10 cl kaltes Tonic Water

So wird's gemacht

Alle Zutaten – ohne Tonic Water – mit Eiswürfeln in das Unterteil des Shakers geben. Den Shaker verschließen und kräftig schütteln. Durch das Sieb im Oberteil in ein Longdrinkglas auf Eiswürfel abgießen. Mit kaltem Tonic Water auffüllen. Mit Mandarinenspalten und Cocktailkirschen garnieren und zwei Trinkhalme dazugeben.

Rezeptregister

Impressum

Über den Autor

Franz Brandl zählt seit über 30 Jahren zu den ganz Großen seines Fachs. Als ausgebildeter und geprüfter Barmeister kann er auf eine erfolgreiche Karriere zurückblicken. In München leitete er u. a. Harrys New York Bar und die Bar in Eckart Witzigmanns weltberühmtem Restaurant Aubergine.

Bildnachweis

Alle Bilder einschließlich der Umschlagbilder stammen von Reinhard Rohner, München. Alle Umschlag- und Innenteil-illustrationen stammen von iStockfoto.

Hinweis

Das vorliegende Buch ist sorgfältig erarbeitet worden. Dennoch erfolgen alle Angaben ohne Gewähr. Weder der Autor noch Verlag können für eventuelle Nachteile oder Schäden, die aus den im Buch gegebenen Hinweisen resultieren, eine Haftung übernehmen.

© 2010 by Südwest Verlag, einem Unternehmen der Verlagsgruppe Random House GmbH, 81673 München

Redaktionsleitung	Susanne Kirstein
Projektleitung	Eva Wagner
Layout, Projektrealisation	v|Büro – Jan-Dirk Hansen, München
Umschlag	Norbert Pautner, Berlin
Druck und Bindung	Anpak Printing Ltd., Hongkong

Printed in China

ISBN 978-3-517-08521-0

57908384+083850108X9817 2635 4453 62